꽃 피는 게

꽃 피는 게

송창우 시집

떠돌이 시들
마침내 집을 얻었다.
아니, 관인들 또 어떠랴!

2010년 여름
송창우

차례

제1부
꽃 피는 게 ___ 13
찌끼미를 찾아서 ___ 14
솔섬 ___ 16
붉은 도둑을 위하여 ___ 17
동백 넷 ___ 18
갈치 ___ 21
물고기가 열리는 나무 ___ 22
횡행군자(橫行君子) ___ 23
말미잘 ___ 24
꽃게 ___ 25
석화 ___ 26
물까마귀 ___ 27
뱃머리에 서면 ___ 28
게 잡기 ___ 30
대보름 ___ 32
그 해 여름 ___ 33
적조 ___ 34
물섬(水島) ___ 35
자라를 기다리며 ___ 36

제2부

숭어들이 ___ 39
봄날 ___ 40
댓섬 ___ 41
새바지 ___ 42
청명 ___ 43
사월 ___ 44
소사나무 ___ 46
민들레꽃 보면 그립다 ___ 47
지도(1/25000) ___ 48
유월 ___ 49
백옥포 ___ 50
천성곡 ___ 51
바위, 相思 ___ 52
여름, 동선리에서 ___ 53
백중 ___ 55
만삭 ___ 56
바다 얼굴 ___ 57
노루목 바다 ___ 58
첫눈 ___ 60
성탄절 아침 ___ 62
개조개가 있는 저녁 ___ 63
외양포 ___ 64
가덕도 등대 ___ 66

제3부

꽃 피는 휴일 ___ 69
나리꽃 사랑 ___ 70
치자꽃 ___ 71
우리의 소원 ___ 72
감씨 ___ 73
수련꽃 ___ 74
밤은 서서 아픈 ___ 76
사월행 산복도로 ___ 77
장롱 ___ 78
가덕도 들쥐 ___ 79
애매미의 노래 ___ 80
자란만에 가다 ___ 81
나비질 ___ 83
예감 ___ 84
마지막 키스 ___ 85
지뢰 찾기 ___ 86
나의 임무 ___ 87
아메바 ___ 88
페르몬 처치 요령 ___ 89

제4부

불모산(佛母山) ___ 93
석기시대 ___ 94
꽃게 2 ___ 95
해녀 ___ 96
나무와 새 ___ 97
나의 가을 ___ 98
여자의 일생 ___ 99
불모산 딱따구리 ___ 100
진우도 ___ 101
귀부석비 ___ 103
수문리에서 ___ 104
슬픈 초상화 ___ 105
끝이 없는 이야기 ___ 106
사하라 사막엘 가려고 한다 ___ 109
공원묘지 ___ 110
광장 ___ 111
발해의 시 ___ 112
잃어버린 시간을 찾아서 ___ 113
폐철장 ___ 114
절정 ___ 115
오래 가는 편지 ___ 116
해설 감성적 원시성과 바다의 인문적 아카이브 **최영호** ___ 118

제1부

꽃 피는 게

우리 동네 논에는
개구리보다 게가 더 많이 산다
우리 동네 논두렁엔
들쥐보다 땅강아지보다
게가 더 구멍을 판다
햇빛에 타서 붉은
등에는 꽃이 피더라
농약을 쳐도 거품만 물 뿐
피는 꽃에는 암술이 흔들리고
빤히 보이는 구멍 속에는
보이지 않는 길들이 있어
문득, 게가 된다면
길 끝에 나도 꽃피고 싶어라
암술 흔들고 싶어
웅크리고 옆으로 걸어본다

찌끼미를 찾아서

집 나간 찌끼미*를 찾아서
옆집에도 가보고
공동샘에도 가보고

성돌 따라 서낭당 가는 길에
옹그리고 앉은 찌끼미는
조합장 집 찌끼미
삼식이 집 찌끼미

우리 집 찌끼미는
꽃무늬 원피스에
착한 눈에
호리낭창한데

어떤 사람은 뒷산에서 보았다 하고
어떤 사람은 논두렁에서 보았다 하고
어떤 사람은 바다를 헤엄쳐 뭍으로 가더라는데

대체 우리 집 찌끼미는 어디로 갔나

온종일 찌끼미는 못 찾고
허기진 길만
구불구불 집으로 간다

  *찌끼미: 집 지키는 뱀의 경상도 토박이말.

솔섬

오랜 옛부터
돌무더기 연도 남자들
죽으면 솔섬에 묻힌다
아낙들은 새끼로 허리 질끈
흰 옷을 입고
연도 남자들은 죽어 꼭 한 번
아내의 노질에 바다를 건넌다
한평생 일렁이던 바다는
한 바리 밥 청주 한 잔에
선창 아래 잔다
솔섬에 가면
빗돌도 없는 무덤가
갈매기가 알을 굴리고
돌아온 아내들은
굿당산에 올라 솔섬을 본다

붉은 도둑을 위하여

뒷산 골짜기에
낡은 집을 버리고
바다로 가는 논두렁길 아래
단단히 새살림을 차린
붉은 도둑을 위하여
갓 산란한 도둑의 아내를 위하여

구름은 달을 덮고
바람은 살짝 정지문을 열고
우리 집 부뚜막 위에
어머니는 찬밥을 올려놓는다

도둑게 살금살금
다녀가는 칠월

동백 넷

   1
그대 승천하는 길에
우리 집 앞마당에
끝동 단추 흘리고 가셨네요
낮에는 햇살 먹고 싹이 트더니
밤에는 머리맡에 꽃으로 핍니다

어머니 저 죽거든
앞산 뒷산 다 버리고
앞마당에 묻어 주세요
선홍 꽃이 피거든
나 살았다 여기시며

   2
애기바위섬에 가면
지천으로 피는 애기동백
이월에도 따뜻한 햇살

털북숭이 어린 가지를 적시고
물질 간 엄마 긴 물파람 소리
졸음에 겨워
바위에 기대어 하품을 한다
앙증맞은 입술

  3
포말은 떠돌다
관측산 먼당 흰동백이 되어
섬섬옥수 등불을 켜고
물질 간 지아비 돌아오는 밤바다
해신당 돌단에 앉아
맑은 촛농 뚝뚝 떨어뜨리는
옥이 누님 모시 속적삼 속에
큰 달이 뜬다

  4
뱃놈이야

바글바글 토해내는
멀미야 울분이야
우리는 바위틈에 뿌리내리고
섬을 지키는 개동백이지
닻줄을 끊는 된바람에도
우리는 흔들리지 않아
꺾이면 꺾인 만큼 가지를 뻗고
청동 잎사귀에 톱니를 가는
야무진 마음

갈치

날마다 가는 창동식당
사천 원짜리 정식상에
게르마늄 푸른 쟁반 위에 놓인
한 도막 부러진 칼의
은날에 서린 비릿한 슬픔
꼭꼭 씹으며
내장 깊은 곳
단칼에 베어버리지 못한
혀의 뿌리와
뿌리의 질긴 허기를 생각합니다
물살에 날을 갈던
바다의
칼의
도막난 뼈를 씹으며

물고기가 열리는 나무

무너질 때까지 살기로
세든 아파트에서
시장 쪽 1동에서
물고기가 열리는 나무 한 그루를 만났다
철거를 앞둔 가을에도
납새미 단풍이 곱고
대구며 옥돔이며 조기며
속을 쫙쫙 벌리고 있는
나무 한 그루
내일 아파트가 무너진다 해도
오늘 저녁상엔 갓 딴 물고기 반찬이 있었으면 좋겠다
새로 이사 갈 집 앞마당에도
가난한 이웃집에도
물고기 나무 한 그루씩 있었으면 좋겠다
나무 아래 앉아
금비늘 은비늘을 줍다보면
반짝
사는 일에도 빛이 보인다

횡행군자(橫行君子)

  을숙도 갈숲에 혈거 중인 횡행군자를 만나러 가는 길은 대로라 짐짓 눈 지그시 감으면 하단 삼거리 지나 구덕터널 지나 이브와 첫날밤을 맞았던 완월동 사창가에 닿으리마는 오늘은 두 눈 부릅뜨고 오랜만에 더불어 시를 논하던 횡행군자나 만나볼 일이다

  샛강에 드니 갈청은 회오리리 울고 놀란 새들은 후두둑 날아가는데 저만치 갈근을 씹고 앉아 이두박근 삼두박근 손을 흔드는 그대는 분명 횡행군자라 부리부리한 눈이나 등에 새긴 H자 문신이나 만나자마자 연방 거품을 물고 덤비는 품이 내 사랑의 첫날밤을 망친 이브의 기둥서방 같아 잠시 경계하지 않은 바도 아니나

  횡행군자여

  오늘은 내 그대의 제자가 되리 이 직진의 시대에도 가로 걸을 수 있는 용기와 갑옷을 벗지 않는 투지와 달 없는 밤마다 산란해놓은 생명의 시를 가르쳐다오

말미잘

해야 지든 말든
봄이야 오든 말든
밀물에 피었다 썰물에 지는 꽃
바람에 갯내 날리며
암술 흔들고
바다의 붉은 꽃밭으로
이끌려 가면
발자국 소리에도 놀라
화들짝 마음을 닫는
내 여자 친구 닮은

꽃게

살아서 꽃이 될까
죽어서 장이 될까
울 어메 바구니 속에 누워
생각하는 게

왼손 들어 묻고
오른손 들어 답하다
분연히 제 혀를 물어
거품 물고 쓰러지는 게

그날부터 나는
위장에 게 한 마리 키우기로

석화

　돌에 핀 꽃이 아닙니다 바다 속에 핀 꽃이 아닙니다 그것은 바다의 사랑채 천년은 낡은 시간의 보금자리 떠돌이 포자들의 여관 바다 속에서도 사랑은 은밀한 밤에 시작되므로 푸른 이불이 들썩이는 수면을 헤엄쳐 가면 불쑥 불쑥 그대 그립고 물귀신처럼 발목을 잡아당기는 기억 저편 익사하고 싶어 핀 꽃이 아닙니다 그것은 바다의 자궁 모든 방랑하는 포자들의 썩지 않는 관

물까마귀

바다에서 살다보니
살아생전 못 만난 사람
주검으로 만나는 일이 많아
백사장에서
새파랗게 날선 갈대 숲에서
잃어버린 눈에 고둥을 박고
나를 노려보는
그대, 백수광부였을까
빠져 죽은 육신
까칠한 가마니로 덮고
공무도하가를 부르던 옛날
그 옛날의 그대가
흘러와 이렇게 누워 있는 것일까
관솔 덤불
주검으로 만난 그대를 묻고
한잔 쓴 술을 마신다
둥지로 가는 물까마귀
극락극락 운다

뱃머리에 서면

뱃머리에 서면
돌아오는 사람들
갈 제 아주 가리라
닻줄을 풀던 사람
돌아오는 바다마다 황혼이다

뱃머리에 서면 가난해진다
늙은 어머니는 애써 따라와
쌀 한 말 갑판 위에 던지고
돌아서 손짓을 한다

가거라
바람에 우는 빈 병들과
생선 눈깔 엉겨 붙은 낡은 궤짝들과
또 멋모르게 멀미하는 청춘들

나는 무거운 짐이 되어
바다를 본다

새떼 날갯짓에도 흔들거리는
절반은 잃고
절반은 떠나는 삶

발바닥에 발동기를 달면
바다는 오십 노트로 떠날 수 있을까
바람은 음속으로 하늘을 가를 수 있을까
이런 상상 끝에
떠난 것이 바다는 아니라고
기러기는 하늘에 가위표를 친다

게 잡기

화장실을 나오다 놀란 가슴
바다에서 십리 길 어떻게 찾아왔을까
웅크리고 노려보는 놈이
근래 우리 화단에 기어와
맨드라미, 채송화에 생채기를 내고
집으로 돌아가던 개미 몇 마리
와작 씹으며 트림을 하던
틀림없다
이제 막 흡족히 배설을 하고
점령한 구멍으로 기어드는 거지

발을 옮기자 재빨리 두 손을 든다
눈치 빠른 녀석
항복한 놈을 내 죽이랴
포승줄 묶어 돌려보낸다

 물가에 놈을 놓자 살금살금 기어가 처음 제 아내를 물고 나왔다 제법 목숨 값은 할 요량이다 이내 손톱만한 새끼들도 매달고 왔다 대견스러워 머리를 툭툭 쳐주니 만세를 한다 그리하여 제 아비 어미 닥치는 대로 물고 나왔다 놈들은 서로 떨어지지 않으려고 집게를 움켜쥔다 발갛게 근육이 부푼다 놈들에게선 벌써 잘 익은 장내가 난다 밥상에 앉으니 문득 사는 일에 길이 보인다 나는 고마운 놈에게 내 밥의 몇 알을 던져주었다

대보름

일곱물
물 간 누이는
동지섣달에도 오지 않았다

어머니는 부뚜막에 앉아
흉이라 업이라
생손을 앓는 저녁
쇠똥 숯불 휘날리며
막배 떠난 선창가 헤매 다녔다

고향 가는 길이다
동구 밖 돌아가는 갈대숲
오늘은 내가
어머니 간을 빼러 간다

갈잎들
흔들리고 있구나
떨고 있구나

그 해 여름

선착장 가는 길
바람은 갈잎의 날을 세우고
배가 뜨지 않았다
한낮을 앓던 아이는
어둠을 재촉하며 울었다

불 꺼진 보건소
바람에 휩쓸려 떨어지는
'출타중' 붉은 표지 너머
제비는 처마 밑에 새끼를 쳤다

양철 지붕을 구르는 빗방울
폭풍경보가 내리고
조왕신은 부뚜막에 앉아
솥을 긁었다

달그락 탁탁
달그락

적조

요즘 나의 생리는 불순합니다
달 뜬 밤이나 달 없는 밤이나
느닷없이 피흘립니다
나의 핏속에는 부끄러움 대신
탁한 농이 묻어납니다
나의 피는 더 이상 순결하지 못합니다
속절없이 떠난 그대를 지우기 위해
아이를 떼고 돌아온 그날처럼
혼에 칼질하고 싶은
이제, 아름다운 배란은 끝났습니다.

물섬(水島)

청화백자의 바다
사금파리 빛나는 물섬을 가자
인동당초 푸른 언덕을 넘으면
거기, 내 짝지 살던 조가비 마을
종패일이 끝난 아낙들은
그림자를 끌며 제포 가는 도선을 타고
밀물에는 저만치 드러누운 소섬이
물먹으러 올 것도 같은
물섬, 옛 가마터에 불을 지피면
먼데 놀바다 위로
그리운 사람 거북이를 타고 오시리

자라를 기다리며

    비 갠 여름 아침 깨어진 굴뚝 틈새로 연기가 피어오르고 연기 속에서 자라 한 마리가 납작 기어나왔습니다 그날 아버지는 이장선거에 나가 이장이 되고 나는 반장이 되었습니다 그러나 막대기로 찌르고 발로 툭툭 찬 죄로 형은 오후 내내 쇠꼴을 두 지게나 베는 벌을 섰습니다 그날부터 나는 도망간 누나를 기다리듯 비 갠 아침마다 굴뚝 앞에 쪼그리고 앉아 자라를 기다렸습니다 날마다 연기는 피어올랐지만 아직도 자라는 오지 않았습니다

제2부

숭어들이

   숭어 떼 든다 망둥이도 뛰고 활기찬 맥박 바다로 가자 향기롭구나 신 김치에 막걸리 한 사발 어로장 종수 아배 얼굴에도 진달래 피고 온다 온다 자자 버타라 망루대 호령 소리 다잡은 손끝이 바르르 떤다

   숭어들이 승부는 숨 맞추기 아이들도 모여 앉아 입을 맞추는 외양포 마을 몽돌밭에는 러일전쟁 때 뿌린 붉은 박편 화약 햇살에 바작바작 터지고 꼬리치는 바다 대가리 푸른 숭어 떼 따라 한려수도 유람 가는 사람들 형제 떠난 항구로 돌아와요 으쌰쌰 동백꽃 지고

   바라보는 수평선 끝 편지 없는 누이야 어질머리 수건 휘감고 힘줄이 툭툭 건져 올린 숭어 떼 속에 눈부시구나 새하얀 코고무신 한 짝

봄날

이 섬에서 저 섬으로 가는
일곱물에는 가고
열물에는 못 가는 길

해신당 밑 달랑게는
날마다 천탑 만탑 무너질 탑을 쌓고
떠나간 사람의 발자국마다
청개비는 푸른 알을 낳고
홍개비는 붉은 알을 낳고

문득, 저 섬에 가면
십 분 거리인데도 십 년이나 만나지 못한 사람
만날 것만 같아

손가락 손가락마다
물때 짚으며
동백꽃을 깔고 앉은 봄날입니다

댓섬

그대 무슨 연유로
섬에 딸린 작은 댓섬이 되어
봄마다 참꽃 핀 기슭으로
낙지며 꽃게며
큰 섬 아이들이며
살랑살랑 이끌어 가누

새바지

미역은 미역끼리
홍합은 홍합끼리
하늘을 보는 바다
간밤 낙지 발자국 속에
여장을 풀고 누운 한 떼
방게, 새고막, 게고둥
툭툭 웃옷을 털면
갯바위 뿌리내린 말미잘
귀 쫑긋 세우고
풍어당 지나는 뱃노래
엿듣고 있다

청명

숭어 눈 뜬다
동백꽃 다 지겠다
묵은 씨앗 햇볕에 널어라
헌 집 줄게 새 집 줄래
헌 불 끄고 새 불 놓아
청명 두껍아

사월

이태 전 달수 돌아와 누운
쉰질바우 아래를 걸어간다
갯바위 눌러 붙은 말미잘들은
사시사철 꽃 지는 일 없어라
그날, 영원히 바다로 가리라던 달수
그물에 걸려 돌아온 날
새바지 모래밭에 풍어제를 치르고 돌아가던
안목마을 사람들
구멍 난 눈에 파고든 바다를 보았네

쉰질바우 아래
더러는 주저앉고
더러는 파도에 부서지는 사월
술잔 속을 떠돌던 얼굴
밀물에 묻고 오는 길
아스라이 뿌리내린 개동백
이파리마다 바다가 드네

한 떼의 아이들 장대 끝에
놀래미도 한창

소사나무

호사가야 탐을 내지
돌 틈 틈틈 뿌리 깊은 나무
삼족을 멸하리라 세세손손
한양길 돌아보지 않겠다
이 섬에서 족히 오대는 살자
은진 송공 농부지묘
은진 송공 어부지묘
은진 송공 탕건지묘
삼대 묻은 앞산 뒷산
무덤마다 소사나무
가지는 흔들려도 뿌리는 흔들리지 말아라
산불지기 아버지 말씀
가슴에 고목 하나 심고 오는
한식에 식목일

민들레꽃 보면 그립다

성은보육원 간다
첫골 저수지 푸른 무너미
구멍 난 양철 지붕 위로
지난 비에 쑥 자란 담쟁이 넝쿨
손을 흔들고
소금쟁이 질러가는 물길 스무 폭
자맥질하던
친구야
튼실히 뿌리 내렸구나
방둑길 노란 민들레꽃 보면

지도(1/25000)

손바닥 하나로 다 가릴 수 있는
더러 삐져나온 무인도가 부표처럼 떠도는
연대봉, 응봉 등고선이 끝나는 곳은
천길 낭떠러지
또는 뻘밭, 또는 바다
병원, 목욕탕, 여관도 없는 마을
지도를 보면
우리의 고독은 분명하다
바다로, 들로, 산으로 뿔뿔이 흩어져 사는
우리 사이에 길은 없다
다만 불안한 삶을 주시하며 기다리는
지서와 예배당과 공동묘지뿐

유월

유월의 갈매섬
흰 날개 붉은 발톱이 자라는
촛대바위에는
첫날밤처럼 등대불이 타고
바다로 녹아내리는 흰 새떼들
뱃전에 앉아 바라보다가
하늘이 바다에게 고백하는
바다가 하늘에게 속삭이는
바람 소리를 들었다

나도 그대 그리워
바다의 흰 옷자락 밟으며
돌아가는 밤
삼십 리 아득한 마을
물 이랑이랑 발을 적시는
치자꽃 향기

백옥포

장대 메고 망태 들고
낚시 가던 백옥포
몇 살던 사람 도시로 가고
벌써 애기 엄마 된 성희
등물 치던 우물가
감꽃 떠도는

천성곡

가는 길 시오리
오는 길 감감
이쪽저쪽 사람 죽어
둘러앉은 공동묘지
이 곡 넘어 학교 가던 아이들
하나 둘 시집 장가를 가고
친구를 바래주고 오는 길
발자국마다 찍히는
천성곡 초승달

바위, 相思

맑은 날엔
노루목 너머 총각바위
거제도 장목 바라봅니다
그러면 장목 처녀들 바람이 나서
하나, 둘 보따리를 싸고
상심한 장목 마을 사람들
총각바위 수장하고 돌아간 날 밤
물 밑에서 처녀바위 하나
불쑥 솟았답니다

그래서일까
해마다 처녀바위 동백꽃이 피면
푸른 숭어 떼가 몰려와 다리를 놓고
가덕도에는
가덕 총각과 거제 처녀가 만나
고기 잡고 조개 파는 부부들이 많습니다

여름, 동선리에서

사람 사는 마을에 간다
골목 가득 저녁밥 냄새가 나는
굴껍지 꽃 피는 담벼랑을 돌아나가면
탈탈 경운기를 몰고 오는 사람
한 짐 어둠을 이고 오는 아낙들
샛바람에 바다 속도 재미없더라
빈 양철통을 흔들면서도
깊은 어둠 속을 헤집어 건져 올린
낙지 한 마리 꿈틀거린다
이 놈 썰어다 안주나 해라
객지살이 낙지 먹기 어디 쉽더냐
칠순 난 성길이 어머니는
아직 짱짱하시고
모깃불 피워놓은 평상에 둘러
갯내 지우지 못한 녀석들과
잘라도 잘라도 꿈틀거리는 저 낙지처럼
살아야 한다
살았으면 한다

소주 몇 잔에 돌아갈 일도 잊어버리고
단꿈을 꾸다 일어나 보면
이미 물일 떠난 녀석들
누웠던 자리마다 반짝이며 이슬이 내려앉았다
나도 물옷을 꺼내 입으며
평상 한 구석 누워 있는 너에게도
하나 둘 이슬이 내려앉는 것을 본다
물옷 속은 아직 따뜻했다.

백중

백중사리
새까만 눈을 꿈벅거리며
새바지 마을 구판장에 마실을 오신 이는
늙은 거북이

주름 모가지 쭉쭉 빼고
막걸리를 마신다
말술이시다

영감님 술주정에
일생이 씨끄러운 구판장집 할매도
오늘은 주름살을 펴고
비손을 하고

바다로 가는 길을 쓸었다

만삭

달이 차면
바다는 마을 아래 갈숲에 와서
치마끈을 풀어놓는다

오래된 어부들은
갈잎이 우는 소리만 들어도
태어나는 것들을 안다

바다 얼굴

물길 따라갔다 돌아온 아버지는
막걸리 한 말을 다 비우고
비틀비틀 모래밭을 걷는다
그물에 걸려온 늙은 거북이처럼
주름살 깊다

사람들은
산에 살면 산을 닮고
바다에 살면 바다를 닮는 것일까

바다살이 평생 후회 많은 아버지도
환갑에 들어 바다 얼굴을 하고
손잡으니 사각사각 소금기가 배어난다

노루목 바다

바람 부는 날에는 바다 그리워
여옥아, 작은 섬마을까지 달려왔구나
노루목 마을 분교장에서
꼬막 같은 아이들 손을 붙잡고
양섬, 토끼섬, 쥐섬 바라본다
바다는 푸른 동물원이다

조가비 주머니 가득 넣고 떠난 아이는
꿈에서도 아슴아슴 멀미를 했다
바람 부는 날에는 파도에 휩쓸려가는
몽돌 울음소리 잠귀를 앓고
바다를 향해 불렀던 이름
수평선 너머 길을 잃고 헤매다
너덜너덜 고기밥이 되어 돌아오는 것을 보았다

모나고 날카로운 형상들은 휩쓸려 가고
둥글게 둥글게 마름된 것들만 돌아와
어깨를 기대고 누워 있는 노루목

양섬, 토끼섬, 쥐섬
오래된 무덤처럼 잦아졌구나

바람 부는 날에는 바다 그리워
작은 섬마을에 와서
여옥아,
내 산 뒤 자리 하나 보고 간다

첫눈

첫눈 내립니다
이 섬에 살며 눈을 만나기란
가출한 누이만큼 어렵습니다
십여 년 전 녹아버린 눈사람은
그 후 다시는 태어나지 않았습니다

눈을 본 일도
눈사람을 만든 기억도 없는
누이의 아이들 머리칼에도
하얀 꽃이 핍니다
개펄 숨어살던 게들도
일제히 기어 나와 만세를 부릅니다

어제는 물질 간 성길 형이 닷새 만에 돌아왔습니다
발목에 걸린 검은 물옷 다 벗기도 전에
깍지 낀 두 손은 심장을 누르고
마중 나간 사람들은
구멍 난 눈 속에 파고든 바다를 보았습니다

누이에게 전화를 걸어
이 섬의 눈 소식 전하고 돌아서니
불현듯 찬비 귓불을 적십니다
가슴속에 쌓이던 눈은 포말이 되어
홀로 바다를 가르고 돌아온
형의 낡은 동력선도 흠뻑 젖었습니다

잠시 바닥을 드러냈던 바다
만세를 지우며 푸르게 채색되고
누이의 아이들은 얼굴을 가리고 달아납니다

성탄절 아침

바다가 보이는 창에
하얗게 나무가 자랐다

분별없는 말들은
가지 끝에 얼어붙고

송전탑에 꽃이 깜빡
피었다 졌다

물일을 나간 아버지는
바지를 벗고

우리 집 빨랫줄에
예수님처럼

두 팔을 벌리고 널려 있었다

개조개가 있는 저녁

 양동이를 마주한 늙은 부부가 개조개를 깝니다. 머리가 다 빠진 남편이 칼질을 하면 조가비보다 주름진 아내, 살 속에 스민 뻘물을 조르륵 훑어냅니다. 칠순 내리 섬살이 조개를 사기도 처음이지만 날품갔다 물옷 속 숨겨온 피조개가 이보다 아름다우랴. 죽어 서발이나 나온 혓바닥이 대견스러워 아내는 자주 살 오른 놈이라며 웃습니다. 그 중에 큰 몇 마리쯤 선물하고 싶은 남편과 차례상에 산적으로 올리고 싶은 아내가 일손을 척척 맞추는 밤, 아직 살아 있는 놈들은 입을 꼭 다물고 아무 말도 없습니다.

외양포

만만파파
산들바람에도 자주 길이 끊어지는
외양포 간다

    日
    司
    令
    部
    發
    祥
    之
    地
 돌비 아래
단단히 검은 막사

숭어들이 가고 아무도 없는
적산 우물 속에는

아직도 들린다
동백꽃을 떨어뜨리는
일제 방공포 소리

가덕도 등대

백 년도 넘게
낮에는 오얏꽃을
밤에는 동백꽃을 피우고 앉은
동두말 등대 아래에

이백 년도 넘게
숭어 떼를 기다리고 앉은
여섯 척의 배가 있다

그곳에 가서
나도 한 오백 년
그대를 기다리고 싶다

제3부

꽃 피는 휴일

신포동 더러운 천변에 걸린
방에는 아침이 오지 않는다
나는 긴 잠에 목이 졸린 채
숲 속의 공주처럼
화장실에 간다
낡은 널빤지 위에 쪼그리고 앉으면
고요히 썩어가는 똥탑 위로
꽃이 핀다
모가지를 꺾는 동백꽃처럼 붉은
전등이 깜빡거리고
산란기가 끝난 나의 길은
잠시 유보된다
흰 줄무늬 스커트 속으로 불쑥 들어오는
차가운 바람의 손가락들이
얇은 비늘을 떨어낸다
산소호흡기를 매달고 있는
영아횟집 푸른 수족관
농어 등에도 꽃이 피었다

나리꽃 사랑

　지상에서 가장 아름다운, 비단치마 같은 색동저고리 같은 꽃잎 가운데 암술과 수술이 도란도란한데, 암술은 색색 꽃가루를 올릴 머리와 꽃가루의 길과 씨들의 방을 가진 새악시 같고, 수술은 꽃실에 꽃밥을 달고 앉아 입질을 기다리는 낚시꾼 같다.

　꽃철이 오면 꽃살창을 두드리는 바람에도 자주 암술은 흔들거리고, 날아갈 듯 날아갈 듯 꽃가루가 부푼 수술들이 창을 기웃거리는, 뒷동산 나리 마을에 가면 단꿀을 내어주며 불러 모은 흰나비 호랑나비 호박벌 떼떼 매파들이 분분한데

　사랑은 언제나 더디 이루어진다

치자꽃

치자꽃 피면
허기진다

물질 간 누나는
돌아올 줄 모르고

잎사귀에 고인 바다만
여섯 물때를 알아

푸른 꽃꼭지
바람개비 꽃차례로 피는

우리의 소원

나뭇잎 떨어지면
와서 밥해 줄게

물길도 첩첩한 비수구미로
엄마는 노 저어 돌아가고
객지살이 어린 동생은
아직도 푸른 나뭇잎을 따서
자취방에 옵니다

새로 나온 마마 드림 밥통에
저녁을 지어먹지만
늘 허기지는 우리는
우리의 소원은
하루빨리 나뭇잎이 떨어지는 것입니다

감씨

가을밤
마산시 대성동 자취방으로
달은 한잔 술에 익어 뜨는데
감 하나 예쁘게 깎아내는 일
아직 어려워
껍질 반 살 반
집 생각 친구 생각
詩 쓸 일도 추억하며 깎은 감 속에
부산 마산 흩어져 사는 우리 사 남매
감씨 하나에 숟가락 하나씩
감춰 보내신 아버지

수련꽃

어머니
삶은 계란을 빚어
수련꽃을 피우신다
낡은 제기 위에
한 송이 두 송이 다섯 송이
이 엄숙한 의식을 주관하는 손에는
잘 벼린 부엌칼 하나 빛나고
어머니 어두운 방에 홀로 앉아
수련꽃을 피우신다
외할머니 제삿날마다
어머니 피워놓으시는
수련꽃 노오란 암술에선
해마다 더 진하게
해마다 더 허기지게
그리운 향기가 난다
어머니 수련꽃을 피우고 앉은
정월 열하루마다

우리 집은 어두운 깊은
연못이 된다

밤은 서서 아픈

 밀물에 밀려 밤이 온다 불가사리 붉은 밤 흰 조가비 달 아래 밤이 깊으면 굴껍지 꽃 피는 담벼락에 붙어 내 애인은 뭐하고 있나 애인의 해파리 가슴 보고 싶다 뒤꿈치 세우고 모가지 빼고 물 만난 개불마냥 숫기가 돌아 파도치는 슬레이트 지붕 아래 깊은 방 어느 밀물에 문고름 풀어들어 입질을 하다 함씬 뺨 맞고 쫓겨 나왔던 기억도 두근두근 다시 담을 넘으면 내 애인의 늙은 고양이가 야옹 푸른 불을 켠다 애인아 고양이를 먹으면 허리가 좋아 백년도 해로한다는데 저놈의 늙은 고양이는 죽지도 않고 호시탐탐 밤은 서서 아픈

사월행 산복도로

흰모시나비와 잠옷을 입고
누워 있던 날들이 지나간다
푸른 마스카라 검은 눈을 가리고
숨어 있던 날들이 지나간다
속이 상한 나무에 앉은
바람과 사랑사랑
흔들리던 날들이 지나간다
분을 지우며
루즈를 지우며
부치지 못한 꽃잎을 찢던
날들이 지나간다
그러한 나를 지나가는 나날들과
그대는 또
나의 암술을 건드린다

장롱

아랫방 낡은 장롱을 열 때마다
관을 연다는 생각을 한다
벗겨진 옻칠 사이로
새까맣게 손때 절은 관 속에
나의 허물들이 잠들어 있다
날마다 세탁된 허물들을 갈아입으며
섬뜩섬뜩 놀란다
아무리 표백하려 해도 표백되지 않는
부끄러운 기억들
그만 관 속으로 숨어버리고 싶다

가덕도 들쥐

 유선을 달지 못해 선명하지 않은 90년대산 텔레비전에서 만난 150마리 들쥐들은 DDT에 오염되어서 새끼를 치지 못한다는데요 내레이터의 말을 따라서 잠시 잠깐 흔들리는 마을에 늘어선 붉은 막대 그래프를 보고 있었는데요 얼핏 막대 그래프 뒤로 지나가는 사람이 낯이 익었는데요 약통을 지고 쫑쫑쫑 걸어가는 모습에 문득 어머니 생각이 나서 흔들리는 추억을 잡으려고 이리저리 안테나를 돌리는데요 바다가 나타났다 사라지고 파도 너머 흐릿한 능선이 크게 일렁거리는 것을 피하며 말라비틀어진 콩깍지 같은 고환을 클로즈업하며 내레이터가 말했죠 가덕도 들쥐들의 고환은 정상 쥐의 5분의 1밖에 안 된다고 가덕도 가덕도 참 오랜만에 텔레비전에서 보았는데요 들쥐가 150마리도 넘게 살고 있었나 놀랍기도 하고 들쥐 한 마리 못 보고 산 삶이 부끄럽기도 하고 구곡간장 쌓여 있을 DDT가 무섭기도 하고 잠을 이룰 수 없었는데요 생각난 김에 만져본 내 고환도 쪼그라붙어서 장가야 이럭저럭 간다 해도 글쎄 자식이나 낳을 수 있을까요 어머니

애매미의 노래

소나무 위에서 애매미 한 마리
아침부터 나를 못 견디게 한다
시 없지 쯧쯧쯧쯧쯧
써 놨어 놨어 쯧쯧쯧쯧
없쯧쯧 어-없-어 못-써 못-써
못써못써못써못써
히히히히
써히히히히히히
시 없지 시 없지 시 없지 시 없지
쯧쯧쯧

자란만에 가다

산호 가지를 물고 자는
쥐치들의 바람 부는 숲이 있고
반달조개를 잡아먹고 사는 별의별
불가사리들이 우글우글 어두운
허기진 아귀들이 눈에 등불을 켜고 싸돌아다니는
자란만에 갔다
어느 물고기의 밥이 되었나
바다 한 조각씩 지붕을 올리고 사는
낮은 울타리 집집
한 사람쯤 돌아오지 않는 내력
바람은 낮은 곳을 휩쓸며 당나무 꼭대기
낡은 확성기를 울리고
흰 발톱을 세우며 바다가 쳐들어왔다
바다는 쳐들어와서 길을 휘고
바다는 쳐들어와서 치마끈을 풀고
그리움이 가는 길은 언제나 리아스식
그물무늬 찍힌 참조기 은갈치 주렁주렁한
길가 모퉁이를 돌면

두름두름 시름을 엮고 앉은 늙은 아낙네
햇살에 빼빼 말라가고
시시탐탐 눈깔을 쪼아대는 갈매기와
피를 빠는 쉬파리 쇠파리
동행한 이말삼초의 여자에게선 피죤 향기가 났다
여자는 착한 비둘기처럼 나무에 기대어
깃을 여미고
새하얀 말초들이 흔들거렸다

나비질

횡단보도 너머
여자들의 마을

문화방송 안테나에 걸린
구름의 외딴 그늘

꽃꼭지 붉은
분꽃
이제 피어났을까

두근 반 세근 반
가는 나비질

예감

새로 옮긴 자취방 유리창을 흐르는
비의 사선들
점멸하는 물방울
그리운 사람은 연락하는 법이 없어
더욱 그립고
붙잡을 수 없는
비가 오네요
비만 오네요
나의 예감은 이렇게 빗나가고 있네요

마지막 키스

바닷가 모래밭에 누운 여자와 키스를 했다. 그녀의 입속은 후텁지근 혀에는 돌기가 솟아나고 있었고 마침내 쪼그라들며 단단해졌으므로 그녀는 말 대신 바다를 뱉어내며 눈을 감았다.

비릿한 미끄러움.

감각에 대한 나의 표현은 섬세하지 못하고 키스에 대한 나의 감각은 무디어져서 마침내 해삼을 먹던 기억과 동일해졌다. 그러므로 햇볕에 오래 두면 흔적 없이 녹아버릴 거라 단정한 나는 거적때기를 덮어주었다.

지뢰 찾기

 검붉은 뇌관이 햇살에 탄다. 오분에 한번 돌아눕는 여자의 가슴에선 모래알이 미끄러져 내리고 머리카락이 출렁거린다. 아, 저 심지에 불을 지르고 뇌관을 꾹꾹 눌러버리고 싶은

 밀물과 밀물 사이.

 태양을 만드는 게들이 바다에서 걸어나온다. 태양은 나타났다 터진다. 맑고 투명한, 폭발 다음에 남는 한 방울의 물까지 다 마셔 버리고 싶은 욕망과 절망의 경계선을 걸으면, 발자국마다 밟히는 삶의 지뢰들. 뇌관을 꾹꾹 눌러버리고 싶은

나의 임무

개구리복을 입은 나는 개머리판으로 금을 긋는다. 총구는 하늘로 향하게 하고 천천히 방아쇠를 당기며 금 밖에 선다. 그날도 나는 실탄이 없는 소총을 들고 주검을 감시하러 갔었다.

나의 임무는
주검의 부활을 경계하는 것.

주검은 부드러운 모래를 덮고 누워 있었는데 삐져나온 두 발가락이 안쓰러웠다. 발만 따뜻하면 엄동에도 잠들 수 있으리라. 아버지 말씀대로 발가락을 덮어주었다.

인수인계가 원활하지 못한 주검은 하룻밤을 더 금 속에 누워 있었다. 달은 지고 해파리가 뜨는 밤. 외로움은 주검과도 정이 들어서 가끔은 금을 지워버리곤 했다.

아메바

고인 물속에서 사는 다리 짧은 생물들 중에 가장 오랫동안 종족을 유지할 수 있었던 아메바. 적의 눈에 포착되지 않으며 적진을 침투해가는 낮은 포복.

발톱은 위장 속에 감추고, 나아갈 때는 부드럽게, 적을 삼킬 때는 딴딴하게, 똥을 눌 때는 매끄럽게, 신체를 변화시키는

당신의 몸속에 몇 마리 기생하는 것도 있음.

페르몬 처치 요령

그대는 면제되고
나는 면제되지 못한
민방위 교육을 와서
아직도 그대를 생각하면
가슴이 두근거리고
눈물이 나고
금세 숨이 멎을 것 같은
그대가 닿은 자리마다
뜨겁게 발열하고 있는
이 오래된 증상을 치료하는 중입니다.

그대를 만나러 가는 길마다 썼던 가면은 구형 K-1 방독면이었습니다. 푸른 옥수수향 같은 그대의 강력한 페르몬에는 어찌할 도리가 없었다는 것을 이제서야 알게 됩니다.

그대여,
내 머리를 살짝 젖히고
내 기도를 하늘로 향하게 하고

입 속으로
붉은 꽈리 속으로
바람을 한껏 불어넣어 주세요.

이런, 제기랄!
내 삶은 여전히 그대 입술에 달려 있습니다.

제4부

불모산(佛母山)

　여기는 불종거리다 불모산은 동쪽으로 팔만 육천 걸음 떨어진 곳에 있고 백 걸음마다 전신주가 발광하는 칠만 이천 비탈 걸음 떨어진 곳에 창해가 있다 운이 좋은 날엔 거기 썰물에는 이천 길 밀물에는 이천 오백 길 떨어진 섬이 보인다 바람이 불면 섬은 돛을 달고 사라진다

　불모산 가는 길에는 여섯 개의 로터리와 달의 협곡에 걸린 구름다리가 있고 천 걸음마다 서있는 일주문에는 줄무늬 흰 전갈과 눈 셋 달린 수리 까마귀가 산다 까마귀 눈이 푸른 날엔 길이 허락되지만 까마귀 눈이 붉은 날엔 길은 꼬리를 자르고 달아난다

　이제는 불모산이다 동쪽으로 칠천 걸음 떨어진 곳에 장유암은 있고 화상은 없다

석기시대

석기시대 벼랑 위를 아스라하게
돌멩이를 든 아버지가 돌아왔다
아가미 사이로 비린내를 흘리며
숭어는 대가리가 퍼렇게 멍들어 있었다
돌멩이로 숭어 잡는 법을 아느냐
흰 배를 가르며 아버지가 말씀하셨다
뱃속에는 아직 배설 못한 바다가 출렁거리고
길은 구절양장 엉켜 있었다

꽃게 2

푸른 물속 흰 살들의 붉은 관이
뻘밭을 질러 지상에 이르렀을 때
관 속은 말갛게 비어 있었다

달이 차면 살이 기우는 생리와
살이 차면 달이 기우는 법칙을
바다의 여자는 알고 있었다

그러나, 어쩌랴
단단한 관에도 피는 꽃을

해녀

세상으로 떠오를 것 같은
욕망에도 납을 매달고
달 위를 걷듯 물속을 천천히 걸어보자
터질 것 같은 이 그리움
보다는 약한 중력 속을
새가 날듯 날아보자
어머니 넘나들던 갈산호 숲 속
불가사리 반짝이는 해저 삼만 리
숨죽이며 가보자
물려받은 물안경 검은 잠수복을 입고
고래 또는 훈련된 스파이처럼
죽음 앞에서 휘파람을 불자
휘파람을 불자

나무와 새

노랑할미새
두고 간 여름집에
탱자나무가 알을 낳았다

노랑할미새
돌아와 알을 품으면
탱자꽃이 피고

노랑할미새
탱자 알을 품느라
아랫배가 더 노랗다

나의 가을

처서 지나고
새벽

알몸으로 꿈꾸는 나를
내 싸늘한 배를

깨지 말라고
앓지 말라고

아내는 몰래
이불을 덮어주었다

나의 가을은 그렇게 왔다

여자의 일생

방 한구석 먼지를 뒤집어쓰고 앉은
누나의 기타를 쳐 본다
목이 휘어질 대로 휘어져서
아무리 조율해도 음이 맞지 않는 기타

셋방에서 셋방으로 이사를 가느라
입술이 다 부르텄다는
여자의 일생을 아르페지오로 뜯으면
여자의 일생에서 녹슨 소리가 난다

불모산 딱따구리

대웅전에서 불쑥
거북이가 기어 나올 것 같은
안골 바다 깊은 성흥사
그믐달과 늙은 스님은
마천장으로 탁발 가고
탁탁탁탁
맑은 목어 소리
쫓아가보면
잎사귀를 버린 나무에
구멍을 뚫는
불모산 딱따구리

진우도

진우도에 가면
한 손에는 숟가락
한 손에는 젓가락을 들고
일생을 땅 파먹고 사는 농게가 있다
한쪽 날갯죽지가 몸의 전부인
새조개 오두막이 있고
한쪽 젖가슴이 몸의 전부인
떠돌이 해파리가 있고
오직 성기 밖에는 아무 것도 없는
개불이 꿈틀거린다
눈 밖에는 없는
귀 밖에는 없는
입 밖에는 없는
단순한 형상들이 우글거리는
진우도에 가면
낮에는 서로 물고 뜯고 싸우다가도
밤에는 한 이불을 덮고 자는 풍습이 있다
누구나 몸뚱어리만큼만 집을 짓고 살다가

그대로 관을 삼는 풍습이 있다
살아 생살을 물어뜯던 이웃들에게
죽어 살점을 고루 나누어주는 풍습이 있다

귀부석비

여보게, 막걸리나 들게나
늙은 거북이
바다도 산도 아닌 막다른 길에서
우리 만난 것도 인연이지
생각해 보면
그대 산에 살던 나인지
나 바다 살던 그대인지
감감해 지네
이제 산신처럼 용왕도 죽었다 하니
여보게,
한세월 지운 짐이 무겁지 않나

수문리에서

　보성에서 차 한 잔 마시고 땅끝마을 찾아가는 길 수문리 수창리 바다를 열어젖히며 안개가 피어오르고 자주 갈림길에서 길을 잃다 되돌아온 수문리 수문다방에 앉아 안개 속에 꿈틀거리는 바다를 봅니다 동해의 용이 수로부인을 낚아챈 것도 이런 날이리 늙은 레지에게 농을 건넸더니 남해의 용은 이런 날에 내 서방을 채 갔지러 아메 암룡인가베 보드라고 조기 조렇게 바다가 꼬리를 흔들어 쌓지 않소 눈시울을 붉히다가는 당신은 뭣 하러 해남꺼정 가요 예가 땅끝이제 그리고 우리 다방이 수문다방잉께 나가 바당의 문지기제 바당에 가실라거덩 커피 한 잔 사야지러 넉살을 떱니다 커피야 사지만은 그 말이 사실입니꺼 내사 다방물 오래 묵은 퇴물이지만 그런 거짓말은 않지러 저놈의 바다 때문에 내 이렇게 안 사요 저놈이 물안갤 피우는 걸 보면 새 서방이 또 그리운 기제 보시기만 하실 일이지 함부덜렁 근처에 가지랑 마소 마 나랑 커피나 마실 일이제 하여 나는 온종일 커피나 마시고 해남에 있다는 땅끝마을에는 올해도 가보질 못했습니다

슬픈 초상화

다대리 당집의 여자는 비에 젖은 채
족두리도 풀고 은반지도 빼고 돌아앉아 있었다

여자의 머리맡에는 썩어 가는 남근이 흔들거릴 뿐
영등절이 지나도 푸른 낭군 오시지 않고
가끔 길 잃은 염소 떼만 유하고 갔다

사람들은 당집도 잊고 여자도 잊었다
사람들은 바다도 잊고 사랑도 잊었다

끝이 없는 이야기

   1
종수야
장에 떡 팔러 간다
수수떡 수리취떡
한 고개 넘어간다 범 한 마리
떡 하나 주면 안 잡아먹지
한 고개 넘어간다 범 한 마리
떡 하나 주면 안잡아 먹지
한반도 어데 고개 없는 마을까지
종수야 장에 떡 팔러 간다

   2
옛날 아주 옛날 경상도 함안땅에 수박 장수 살아 그해 풍년이 들어 장가갈 꿈 수박통처럼 여물어 갔다 바지게 가득 수박을 지고 앞산 넘어 장에 가는데 고운 색시 맞으리라 당산 어귀에 들어 합장을 하고 돌무지에 올릴 돌 하나 줍다가 그만 수박을 굴리고 말아 종수야 올해도 장가 못 간 총각의 둥근 수박이 앞산을 굴러 내리고 있구나

3

　서해 바다 율도국에 마음 착한 머슴이 살았다 어느 날 동메 자갈밭을 갈다가 짱 하고 쟁깃날이 부러져 살펴보니 맷돌이었다 상심한 머슴은 맷돌이라도 지고 내려왔는데 참으로 기이한 물건이라 돌리기만 하면 하얀 소금이 펑펑 쏟아져 눈이 멀었지 늙은 부모 처자식 버리고 인당수를 건너가다가 욕심은 맷돌을 돌리고 욕심은 점점 무거워져서 종수야 바다가 짠 이유는 아직도 맷돌이 돌기 때문이란다

　　4

　탕건바치 증조할배 울 할매 열여섯 꽃다울 적 삼단 같은 검은 머리 싹둑 잘라 오백 올올 양반님 인모탕(人毛宕) 만들어서 저기 불모산 넘어 서울로 가고 초승달 지고 그믐달 지고 울 할매 잘린 머리 다시 자라면 어린 딸 앞세우고 불모산 넘어오지

　　5

　달 밝은 밤 온 동네 쥐들이 모여 회의를 했다 세상은 각

박해지고 인정은 점점 메말라가서 쥐구멍에 볕들 날 보이지 않네 허기진 쥐들은 구차하게 사느니 죽기로 이마에 띠를 두르고 그날부터 낙화암 꼭대기서 떨어지는데 한 마리 두 마리 열두 마리 아직도 떨어지고 있단다 종수야

사하라 사막엘 가려고 한다

이말삼초에 만난 여자는 내게 삼모의 책을 던져주고 갔다. 삼모, 사하라에 살았던 중국 작가, 사랑 때문에 죽은,

"이 책 읽어봤나요? 『당신은 나 없이 살 수 있나요?』"
"아뇨, 못 살아요."

사랑, 그건 삼모의 사하라 여행 같은 모험이다. 어느 날 삼모를 닮았던 여자의 편지가 비에 젖어서 왔다. '이건 봄비예요'라고 흰 국수를 말아주던 여자.

"당신은 나 없이도 잘 살고 있네요."

사랑 때문에 스스로의 발등에 도끼를 찍어본 사람들에게 동행을 권한다.

공원묘지
―2차 대전에 희생된 어느 까레이스키 여인의 묘에서

꽃 파는 할머니를 지나면
아늑한 숲속
한낮에도 쇠별이 반짝거리고
타다 남은 종이꽃들
흰 눈 위에 피었네
나는 천천히 시간의 길을 거슬러
38번지 그녀에게 간다
이제는 낡은 십자가가 된
자작나무에 다리 오그리고 졸던
새가 날아간다
차가운 문패 위로
흩어지는 흰 눈의 파편들

광장

광장에 간다
세상의 모든 화살은 다 내게로 오는
세상의 모든 행운은 다 빗나가고 있는
야바위꾼의 원판 같은 세상
바람이 나를 돌리며 노래한다
준비하시고 쏘세요

발해의 시

강가에 앉아 발해의 시를 읽는다
아무르강을 건너
발해의 시인들이 헤엄쳐온다
강을 건너는 일은
죽기보다 어려워
천년 전 시간들이 속살거리고
발해의 시인들은
강기슭에 쭈그리고 앉아
고려인, 조선인, 한인들과
도망한 시베리아 벌목공들과 술을 마신다
강가에 앉아 시를 읽는 동안
하늘도 빨갛게 한술 익었다

잃어버린 시간을 찾아서

　시베리아 원주민 박물관에는 잃어버린 시간이 박제되어 있었다 날지 못하는 새와 으르렁거리지 못하는 짐승들이 눈만은 또렷하게 뜬 채 노려보고 있었다 돌도끼를 든 남자가 움막에서 걸어나오다 멈추었다 낯선 공간 낯선 시간, 낯선 사람들 움막 속에는 어머니가 아이를 안고 앉아 있다 금을 넘어간 맘모스는 뼈만 앙상하게 남았으므로 모든 금을 넘어간 목숨들은 마음을 잃었으므로 금을 넘은 아버지는 목각 인형이 되었으므로 아이의 울음소리가 발바닥을 울렸다 그리운 움막 시베리안 스키타이 집으로 가는 금을 밟았다 모든 되살아나는 시간의 일요일

폐철장

우리 시대의 레닌은
낡은 트럭을 타고
폐철장에 이르러 마음을 연다
바람에 탄띠도 풀고
지난 비에
푸른 마스카라 붉은 루즈가 지워진
천박한 쇠들의 뼈에 기대면
슬픔처럼 나른한 햇살
녹슨 삽자루 위엔
폐기된 동전이 빛나고 있다

절정

저녁나절
흑룡강은 꿈틀거리며 바다로 흐르고
강 건너 붉은 차양을 드리우는
태양의 창문 속으로
추는 날아가 꽂혔다
은밀한 파열
깨어진 빛의 비늘들이 파닥거리는
절정의 시간
팽팽한 낚싯줄을 튕기며
바람이 하프를 탄다

오래 가는 편지

　시베리아에서 쓴 편지는 붉은 우체통에서 암내 나는 것들과 뒤섞여 한 이틀 뒹굴다가 푸른 눈의 아가씨와 눈이라도 맞으면 우표를 뗄 것이나 늘 구석에 처박혀 소외되는 것이다 그리하여 사연은 더 외로워지고 침은 말라가는 것이다 시베리아 횡단 열차 속에서 육박 칠일을 동침하는 동안에도 욕망은 국경을 초월하지 못하고 굳게 닫혀 있었다 푸른 것들은 푸른 것들끼리 흰 것들은 흰 것들끼리 엉겨붙어 씩씩거리며 가는 기찻길 울란우데 이르쿠츠크 노보시비르스크 내릴 곳 없는 낯선 역들을 지나 모스크바 중앙우체국 골방에서 또 사나흘 유폐된다 그러다 보면 사랑도 모가 나고 그리움에도 곰팡이가 슬어 사실 그간의 나의 말들은 모두 거짓이었어 거짓말이었다구 자 봐 내 몸에 새겨진 이 검은 문신들 허영이야 마음을 털어놓는다 서울행 비행기 속에는 아직은 열렬한 사연들이 자리를 차지하고 앉아 음속의 속도로 질책해온다 우편번호가 없는 놈은 믿을 수 없어 추방이거나 불법체류를 꿈꾸거나 마음이 망명하는… 나의 고독은 수취인 불명 때문이 아니라 그대 사는 마을의 우편번호를 잊고 주소를 쓸 때마다 수첩을 뒤져야 하는 그런 망각에서 왔다 시베리아에서 쓴 편지는 서울에 도착해서 한동안 광화문 네거리를 서성거리다가 그대 없는 마을까지 갔다가 또 한동안 서울 우체국 뒷방에 갇혀 버려진 것들과 닳고 닳은 것들과 몸을 비비며 정이 들다가 그러나 언젠가 그대에게 가긴 갈 것이다 그날쯤이면 검은 문신이 붉은 꽃으로 피고 마침내 해묵은 사연을 풀 것이나 아 파란한 나의 편지

해설

감성적 원시성과 바다의 인문적 아카이브
―송창우의 시

최영호(해사 교수, 문학평론가)

> 인식은 감각에서 나온다.
> ―비트겐슈타인

송창우 시인은 가덕도 출신이다. 그러고 보니, 우리 시단엔 송창우 시인 말고도 섬 출신 시인들이 여럿 있다. 그 가운데 제주도 문충성 시인, 둘 다 덕적도 출신인 이문재, 장석남 시인이 문득 생각난다. 물론, 이들은 자신이 나고 자란 섬과 바다만 노래하지 않았다. 시심을 동하게 하는 것은 어디로든 열렸고 사방 천지에 널린 탓이다. 반면, 섬 출신도 아니면서 애써 섬만 찾고, 바닷일이 생업도 아니면서 섬만 주목하는 시인도 없지 않다. 성산포 시인으로 통하는 이생진, 통영에 사는 차영한 시인이 그러하다. 이들의 시는 하나같이 섬을 노래한다.

송창우 시인으로부터 고향 가덕도와 숭어잡이에 얽힌 이야기를 들은 것은 퍽 오래 전이다. 시인 부부가 운영하던 마산 불종거리의 카페 '시와 자작나무'에서의 만남이 그 시작이다. 밤이 이슥하면, 이 카페로는 우리나라 환타지 문학의 대표작가 이영도가 긴 생머리를 날리며 나타나곤 했다. 그때 당시도 그렇지만 지금도 우리나라 환타지 문학계에선 이영도의 『드래곤 라자』를 따라갈 만한 작품이 없다. 여하튼 환타지 작가가 즐겨 찾는 그 카페에서 하얗게 허물 벗는 자작나무를 각별히 좋아한 시인과 섬과 바다 얘기를 나눴다.

하지만 간단하지는 않았다. 무엇보다 사람의 가슴을 적시는 얘기가 태반이라 귀로만 듣고 말 얘기가 아니었다. 밀물과 썰물 사이에 모습을 드러냈다 감추는 간출암처럼, 우리의 이야기는 솟구쳤다 가라앉기를 거듭했다. 이야기의 물결에 조금씩 익숙해지자 시인의 말은 깊고도 달게 들렸다. 이런 얘기는 한동안 김달진문학제를 위해 일손을 돕던 사이에도 이어졌고, 권환문학제의 일환으로 시인이 탁월하게 기획한 오서리 보리밭 걷기 중에도 들을 수 있었다.

그러나 그런 시인이 대처로 나와 고향 가덕도와는 적지 않은 거리를 두고 있다. 게다가 한국학 강의를 하러 러시아 하바로프스크 사범대학에까지 갔다가 온 뒤로 그 거리도 점점 더 멀어져 보인다. 그런데 웬걸 이젠 아예 도심에서 살던 집을 서북산 기슭으로 옮겨버려 옛날보다 그 거리는 더욱더 멀고, 더욱더 깊고, 더욱더 아득하게 다가온다.

시인은 산도 높고 계곡도 깊어 갈수기에도 물이 마르지 않는다는 서북산 기슭에 집을 지었다. 그 지역 어느 소주공장 뒤를 돌아 냇가 옆으로 난 언덕길을 따라가면 길 끝 양지바른 언덕에 시인의 집이 있다. 물론 그곳도 아기 울음이 끊긴 산촌마을이긴 마찬가지였지만, 저녁 무렵 시인의 집 창 앞에 서면 검게 변하는 논배미와 석양빛 사이로 스멀스멀 뱀이 기어오는 듯한 길이 눈에 박힌다.

그런 집을 몇 년 전에 한번 다녀온 적 있다. 그때 그는 원래 살던 사람들도 다 도회지로 나가는 판에 젊은 내외가 들어왔다며 반가워하는 산골 사람들의 정담, 문 앞에 채소며 먹을거리를 걸어놓고 간다는 늙은 우렁 각시들, 늦은 귀갓길 집에서 다정히 고라니 한 쌍이 나오더라는 얘기들을 들려주었다. 게다가 몇 걸음 윗집에 소설가 전경린이 데뷔 무렵 살았다는 얘기까지 해줘서 지금도 시인의 집이 망막에 깊이 새겨져 있다.

사실, 그때 당시 세간에는 강수돌 교수의 『나로부터의 혁명』이란 책이 나와 아는 사람들 사이에선 큰 화젯거리였다. 뛰어난 학자가 본교를 마다하고 지방의 분교를 자청한 것도 그랬지만, 무엇보다 그는 우리나라 최초로 마을 이장과 대학교수의 겸업자였던 것이다. 이런 얘기가 오가자 자신도 그곳의 이장 자리를 노린다는 천기(?)를 누설해서 크게 웃은 적 있다. 그 후 시인이 마을 이장이 되었다는 소식은 듣지 못했지만, 산골 마을의 문제를 해결하느라 한철 몹시 분주했다는 얘기는 언뜻 전해들은 듯하다.

세계적인 인문학자로 자기 성찰과 문명의 속도를 비판해 온 웬델 베리에 따르면, 우리가 제아무리 멀리 여행하더라도 1인치의 정신적 변화 없는 여행은 하나마나한 여행이라고 하였다. 과연 산골 마을로 들어간 시인의 앞으로의 삶이 어떨지는 두고 볼 일이다.

그런데 그에 앞서 내심 궁금했던 것은 시인의 삶에 깃든 가덕도와 바다와 시의 관계였다. 그러던 차에 시인은 이를 갈무리해서 보내 주었다. 얘기로만 듣던 송창우 시인의 섬과 바다를 한자리에서 만날 수 있는 기회였다.

한동안 기다렸던 터라, 시인의 시를 읽으며 삶의 엄숙성을 갈무리하는 시적 기량과 가식 없는 성찰로 부드럽게 승화되는 그의 시적 세계관에 빠져들 수밖에 없었다. 그중 가장 먼저 눈길을 끈 것은 그간 얘기로만 듣던 섬과 바다가 이성적으로는 설명될 수 없을 정도로, 시인의 몸에 인문적 사유로 안착된 시들이었다. 이는 시인의 현실적 감각에서 섬과 바다가 소멸한다고 해도 언제든 새로운 형태로 재출

현할 수 있다는 증거였고, 무엇보다 그의 삶을 새롭게 만들 중요한 시적 모험의 토대였다. 거칠게 말해, 송창우의 시들은 우리가 평소 보고 듣고 느끼는 것들이 과연 우리 몸과 어떻게 일체화되고, 시간이 지날수록 그것들은 또 어떻게 탈색되고 씻기어지고, 그러면서도 다양하게 변주될 수 있다는 걸 확인시키기에 부족하지 않았다.

송창우의 이번 시집은 섬과 바다라는 '출렁이는' 자연을 집중적으로 다뤘다. 그런데 그 자연은 탈(脫) 자연의 자연으로, 우리의 일상화된 시간의 흐름으로 전개되지 않는다. 제임스 조이스, 토마스 만, 마르셀 프루스트의 소설들에서 활용되는 의식의 흐름처럼, 시인은 삶과 의식의 움직임에 따라 몸에 깃든 기억의 심층으로 내려가고 구체적으로 접한 섬과 바다를 새로운 시간의 영역 위에 재배치한다. 그런 점에서 이번 시집의 시적 이미지와 회상들은 곧 시인의 삶에 깊이 혹은 멀리 박힌 가덕도와 바다의 편린들을 호출시킨 셈이다.

이를 표현하기 위해 시인이 가장 먼저 한 일은 무엇일까? 일단 시인 자신이 스스로의 시작(詩作) 과정 어디에선가 섬과 바다와 관련하여 고착된 것들에 대한 생각, 의심, 사고, 조직적인 관습들을 파괴했을 것이다. 그리고 이렇게 점철된 사유 과정을 거쳐 나온 결과를 재구성했으리라. 이런 창조적 과정은 원초적이며 원시적(primitive)인데, 송창우의 시는 감성적 원시성에 시심을 두는 한편, 인문적 지평에서 그것들을 시적 사유로 재배치한다. 같은 섬과 바다를 다룬 다른 시인들의 시와 송창우의 시가 구별되는 이유는 여기에 있다.

송창우의 시는 우리 눈에 보이는 '있는 그대로'의 섬과 바다를 얘기하지 않는다. 오히려 그것들은 시인의 자기 세계관이 드러나는 유일한 현존의 '참된 장소'로서, 자신에게 주어진 현실로부터 변증법적 상황으로서의 삶과 의미를 불러내어 이미지화시키는 곳이다. 현실적 존재가 지닌 의식의 심연과 시공간을 가로지르며 경험한 것들이 – 실재적인 것이든 환상적인 것이든 – 마치 시간의 경계를 넘어 이합·집산되는 곳처럼.

바닷게를 학식과 덕망을 두루 갖춘 횡행군자(橫行君子)로 인격화한 뒤 이로부터 자신의 삶의 자세, 삶의 지향점, 그리고 시의 생명성을 배우려는 시인의 다음 시에서도 우리는 그 일단을 살필 수 있다.

> 횡행군자여
> 오늘은 내 그대의 제자가 되리 이 직진의 시대에도 가로 걸을 수 있는 용기와 갑옷을 벗지 않는 투지와 달 없는 밤마다 산란해놓은 생명의 시를 가르쳐다오
> ―〈횡행군자(橫行君子)〉 부분

시인이 바닷게로부터 배우려는 것은 세 가지다. 용기, 투지, 그리고 산란의 지혜다. 이 모두는 바닷게가 바다와

땅, 바다와 강, 다시 말해 살아 있는 존재가 세상의 경계를 넘나들며 온몸으로 체득한 것이다. 그런즉 시인의 눈엔 직진의 삶을 따르지 않는 바닷게가 행하는 거부의 몸짓이 예사롭지 않다. 이는 〈꽃게〉에서도 일부 재미있게 표현되어 있다.

> 살아서 꽃이 될까
> 죽어서 장이 될까
> 울 어메 바구니 속에 누워
> 생각하는 게
>
> 왼손 들어 묻고
> 오른손 들어 답하다
> 분연히 제 혀를 물어
> 거품 물고 쓰러지는 게
>
> ─〈꽃게〉 부분

바닷게를 통해 배우는 거부의 몸짓은 시대적 진실을 바로 보고 살려는 시인의 용기로 승화된다. 한편, 바닷게의 딱딱한 게딱지는 겉보기엔 투박하고 볼품없지만, 시인에겐 전혀 다르게 이해된다. 그것은 자신이 발견한 시적 진실을 지킬 나름의 방패이자 투지로 읽혔다. 시인의 시선이 마지막으로 꽂힌 것은 바닷게의 생리였다. 바닷게의 속살은 달이 차면 텅텅 비고 달이 기울면 꽉꽉 들어찬다. 가슴에 품는 바닷게의 수많은 알도 그렇게 해서 낳는다. 시인에겐 이런 생리가 세상에 내놓은 시의 엄격성으로 환치되고, 시적 허기를 달랠 지혜로 동기화된다.

　송창우의 시는 한낱 미물에 지나지 않는 바닷게를 단순히 인격체로 추상화시킨 데 머물지 않고, 그 게의 본능과 개성, 외형과 움직임, 그 산란의 비밀을 자기화함으로써 시인 자신이 인식해야 할 시대적 삶과 자세, 자기만의 시적 논리와 정체성, 자신이 감내해야 할 끝없는 자기 성찰의 삶으로 집약해냈다. 이런 시도는 이브 본느프와(Yves Bonnefoy)가 추구하는 사물의 인격화와 그 시적 모험의 지난함을 상기시킨다.

　본느프와는 자연 속에서 시련을 겪는 돌에 짓눌린 또 다른 존재를 시로써 표현했다. 『쓰여진 돌』에서 그는 자기 존재의 순수함을 잃지 않는 돌을 하나의 인격체로 둔갑시켜 자신과 같은 물질인 또 다른 돌에 짓눌리거나 억압되지 않을 존재를 시화화했다. 개성을 지닌 자연물에서 탄생되는 무수한 상징과 인위적 상황에 함몰됨 없이 절대적 가치를 추구하는 시인의 삶은 그의 시의 중심이 된다.

　또한, 본느프와는 우리는 늘 '여기 voici'가 없다면 도저히 생각할 수 없는 '저곳 l'ailleurs'을 끊임없이 갈망하며 산다고 보았다. 여기서의 '저곳'은 어느 날 뜬금없이 등장하는 이상향이 아니다. 밑도 끝도 없는 유토피아도 아니다. 구체적인 현실로부터 구체적으로 요구되며, 직접적으로 보고 듣고 느낀 것들에 분명한 뿌리를 두고 갈망되는 바로 그런 곳이 '저곳'이다. 이런 '저곳'이 저마다의 삶에 있기 때문에 우리는 안과 밖의 교감을 할 수 있고 형이상학적 인식도 유발할 수 있다고 믿었다. 그리고 바로 이를 이미지화하고 상징화하는 존재를 시인으로 정의했고, 시인의 시적 모험은 이런 이상적이고 자연스러운 '단순함'이 드리운 '진정한 장소 vrai lieu'를 탐구하는 과정이라고 보았다.

그런데 본느프와는 여기서 한걸음 더 나아가 이런 장소가 단순한 갈망에 그치지 않고 우리 삶의 연장이길 바랐다. '두브 Douve'는 그 한 예였다. 그의 시에서 삶과 죽음의 대립과 화해가 변증법적으로 구축된 현현(顯現) 혹은 화신(化身)의 형태로 등장하는 '두브'는 실존 인물이 아니다. 그는 존재가 소멸하는 마지막 순간에도 그것을 죽음으로 보지 않고 오히려 재탄생되어 다시는 죽지 않는 환희의 상징이었다. 동양적 사고로 보면, 마치 하나의 삶이 소멸한 뒤 반복되는 윤회 양상과 닮았다. 문제는 이런 두브가 '어떤' 과정을 밟고 다시 부활하느냐다. 그것은 존재의 감각적 죽음이다. 감각적인 몸의 죽음을 체험함으로써 두브는 진정한 몸으로 거듭 부활할 수 있었던 것이다. 한 시인의 삶에 깃들어 죽어버린, 그 가덕도와 바다가 어떻게 존재의 순수함을 잃지 않고 다채롭게 변주될 수 있느냐에 주목한 송창우의 시는 그런 점에서 본느프와의 시학의 시사점을 원용해서 읽어도 좋을 듯하다.

사실, 송창우의 시엔 우리가 말하는 섬과 바다가 이미 언

어적 개념의 틀에 안착하기 훨씬 이전부터 입말과 감성의 원시적 형태로 그려지고 있다.

> 나뭇잎 떨어지면
> 와서 밥해 줄게
>
> 물길도 첩첩한 비수구미로
> 엄마는 노 저어 돌아가고
> 객지살이 어린 동생은
> 아직도 푸른 나뭇잎을 따서
> 자취방에 옵니다
>
> 새로 나온 마마 드림 밥통에
> 저녁을 지어먹지만
> 늘 허기지는 우리는
> 우리의 소원은
> 하루빨리 나뭇잎이 떨어지는 것입니다
> ─〈우리의 소원〉 전문

바닷일을 하며 살아야 하는 어머니의 삶은 자식들을 돌볼 여가가 없다. 그런 어머니는 자식들에게 "나뭇잎 떨어지면" 와서 밥을 해 주겠다는 약속을 남기고 노 저어 바다로 간다. 어린 동생은 어머니가 남긴 말과 어머니가 타고 간 배를 동시에 닮은, 그 둘의 이중적 상징인 나뭇잎을 '미리 따서' 가져온다. 그런 후 어린 동생과 시적 화자는 어머니 대신 "마마 드림", 어머니의 꿈이 담겼다는 시뮬라시옹의 세계인 밥통에 밥을 짓는다. 그러나 그것으로는 어머니에 대한 원초적 그리움이 채워지지 않는다. 요는 나뭇잎 스스로가 알아서 빨리 떨어져야 하는데, 이는 인위적으로 할 수 없다. 오로지 자연이 허락해야, 인간이 만든 시간이 아니라 바다가 만드는 시간, 바다가 놓아주고 허락해야 가능하다. 어머니의 삶은 인간의 시간에 묶여 있지 않고 바다의 시간에 매어 있는 것이다. 그리고 바다가 요구하는 삶의 질서에 순종하고 있기 때문이다. 그래서 어머니의 귀가를 학수고대하는 자식들의 소망은 거꾸로 삶에 깃든 바다, 그 감성적 원시성으로부터 위로받을 수밖에 없다.

시인은 이런 감성적 원시성의 눈으로 삶에 깃든 바다를 끄집어낸다. 잡은 숭어의 배를 가르는 아버지가 "돌멩이로 숭어 잡는 법을 아느냐"(〈석기시대〉)며 던지는 물음과 함께 "뱃속에는 아직 배설 못한 바다가 출렁거리고/ 길은 구절양장 엉켜"(〈석기시대〉) 있음을 봤던 그 숭어의 바다, 바닷가 모래밭에서 나누는 여인과의 키스에서 말 대신 눈을 감으며 내뱉는 여인의 "비릿한 미끄러움"(〈마지막 키스〉)의 바다, 물질 간 누나가 돌아오는 때를 유일하게 안다는 치자나무 잎사귀에 "고인 바다"(〈치자꽃〉), 그리고 "산소호흡기를 매달고 있는/ 영아횟집 푸른 수족관"(〈꽃 피는 휴일〉)에 갇힌 농어가 갈망하는 바다를 우리 앞에 제시한다.

이런 바다를 찾고 보여주는 가운데 놀랍게도 시인의 삶도 서서히 바다와 동체적 질서를 이룬다. 송창우의 시에서 바다는 이런 과정을 거쳐 의인화되고 점점 생각하는 바다로 바뀐다. 〈밤은 서서 아픈〉에 그려진 몽환적인 세계도 그런 바다를 담고 있다.

> 밀물에 밀려 밤이 온다 불가사리 붉은 밤 흰 조가비 달 아래 밤이 깊으면 굴껍지 꽃 피는 담벼락에 붙어 내 애인은 뭐하고 있나 애인의 해파리 가슴 보고 싶다 뒤꿈치 세우고 모가지 빼고 물 만난 개불마냥 숫기가 돋아 파도치는 슬레이트 지붕 아래 깊은 방 어느 밀물에 문고름 풀어들어 입질을 하다 함씬 뺨 맞고 쫓겨 나왔던 기억도 두근두근 다시 담을 넘으면 내 애인의 늙은 고양이가 야옹 푸른 불을 켠다 애인아 고양이를 먹으면 허리가 좋아 백년도 해로한다는데 저놈의 늙은 고양이는 죽지도 않고 호시탐탐 밤은 서서 아픈
> ─〈밤은 서서 아픈〉 전문

이 시의 시적 화자는 엄밀히 말해 사람도 아니고 바다도 아니다. 그 둘이 하나로 결합된 형태이다. 행동은 사람의 몸을 빌리지만, 시적 화자의 사유는 온통 바다가 지배한다. 보고 싶은 애인을 담장 너머로 보고 또 보는 광경은 사람이지만 그 애인을 지켜보는 존재의 내면엔 항상 바다가 따라다닌다. 보고픈 애인을 향해 목을 빼는 존재 속엔 바닷가 개불도 있고, 밤하늘의 별로 변신한 불가사리도 있다. 그뿐 아니다. 흰 조가비 모양으로 탈바꿈한 달도 지켜본다. 시간적 배경은 밀물이 스며드는 밤이지만, 애인을 보고픈 바로 그 밤의 깊이는 '백년해로' 운운할 정도로 멀고 깊다. 그렇

다면 이런 몽환적인 세계에서 대체 죽지도 않는 늙은 고양이가 호시탐탐 지킨다는 그 '애인'은 누구일까? 시적 화자가 그로부터 뺨을 맞은 기억이 있다고 하니 분명 낯선 존재는 아닐 것이다. 그런데 왜 그 애인은 가까이 할 수 없고, 심지어 바다까지 몰려와서 그렇게 보고 싶어 하는 것일까? 바로 여기에 이 시의 실마리가 있다. 그것은 사람뿐 아니라 바다도 기억하고 있는 존재이기 때문이다. 이 시의 매력은 이런 애인의 상징적 모호성을 다양하게 해석하는 데 있고, 그 가능성이 무한히 열릴 수 있다는 것을 읽어낸 점이다. 대신 우리에겐 우리가 해야 할 우선적인 것도 있다. 그것은 우리 삶에 깃든 바다에 관한 물질과 기억으로부터, 또 우리 자신부터 자유로워지는 일이다. 그럴 때, 우리는 이 시에 대한 즉각적인 인식의 틀을 벗어나 시의 맥락을 이루는 사람과 바다와의 원초적 관계, 우리의 몸과 분절되지 않은 바다에 대한 지각과 동적 수반(un accompagnement moteur), 창작 과정 어디에선가 해체되고 재구성될 수밖에 없었던, 한 시인의 감성적 원시성과 만날 수 있을 것이다.

앞서 언급했듯이, 송창우의 시는 인간이 만드는 인위적인 시간의 질서를 따라 시상이 전개되지 않는다. 이것으로는 우리 몸에 깃든 감성적 원시성에 닿기 어렵다고 판단한 까닭이다. 시인이 말하는 몸의 논리(la logique du corps)는 암시를 인정하지 않는다. 구성 부분 하나하나보다 전체적인 재구성을 원한다. 귀로 듣는 소리 하나, 자극하는 불빛 한 자락도 홀로 존재할 수 없다. 그것을 수용하는 우리의 몸은 '언제나, 자연스럽게' 이미 깃든 다른 것과 이것이 만나고, 다투고, 결합하고, 바뀔 수밖에 없다. 〈가덕도 등대〉에 드리운 시간의 역사가 왜 길고 깊을 수밖에 없는지는 이런 차원에서 이해해야 한다.

>백 년도 넘게
>낮에는 오얏꽃을
>밤에는 동백꽃을 피우고 앉은
>동두말 등대 아래에
>
>이백 년도 넘게
>숭어 떼를 기다리고 앉은
>여섯 척의 배가 있다
>
>그곳에 가서
>나도 한 오백 년
>그대를 기다리고 싶다
>
>―〈가덕도 등대〉 전문

이 시는 가덕도 등대가 품은 깊고 긴 시간을 압축하고 있다. 현재만 있게 할 뿐 결코 과거를 남기지 않는다는 시간의 신 크로누스(Cronos)는 여기서 자신의 위력을 발휘할 수 없다. 그 시간은 시간의 신 혼자 만들지 않고, 사람과 바다가 함께 만들고 생성시켰기 때문이다. 동두말 등대에 깃든 '백 년', 숭어와 더불어 살아온 '이백 년'의 시간의 역사에 시인은 자신의 '오백 년'을 더 보태겠다고 호언장담한다. 그러면서 "그대"를 기다리겠다고 한다. 대체 "그대"란 누구인가? 그리고 덧붙이겠다는 "오백 년"은 또 무슨 의미인가? 인간은 고작 백 년도 못 산다. 그런데 다섯 곱절의 시간을 더 보태겠다고? 이것은 인간이 시간의 신에게 굴복하겠다는 뜻이 아니다. 그리고 시간의 양적 길이를 말하는 것도 아니다. '오백 년'은 시인이 생존할 때는 물론이고 '죽어서도' 기다리겠다는 시간 아닐까? 그렇다면 "그대"는 누구인가? 우리는 "그대"가 고립된 존재가 아님을 간파해야 한다. "그대"는 동두말 등대가 낮과 밤을 가려 오얏꽃과 동백꽃을 피웠던 '그' 기다림과 이어지고, 숭어 떼가 올 때까지 바다 위에서 머무는 사람들의 '그' 기다림과 연속된다. 한마디로 시간과 시간의 연속이요, 삶과 삶의 지속의 상징인 것이다. 꽃과 숭어 떼는 결코 인간의 시간으로는 피울 수도, 몰고 올 수도 없다. 그 모두는 자연의 시간이 허락해야 가능하다. 시적 화자가 "오백 년"을 더해서 기다리겠다는 "그대"는 결국 인위적으로는 어찌 할 수 없고 오로지 자연의 순리가 허락해야 가능한 일 자체일 것이다. 비록 그것이 사람과 관련된 것이든, 아니면 다른 그 어떤 것이든 간에.

고향 가덕도에 관한 감성적 원시성을 해체·재구성하며 '살아가는' 시인에겐 그래서 외부의 말은 귀로 듣는 말이 아니다. 그것은 몸으로 확인시키는 울림이다. 도시로 나와 사는 시인이 고환이 "정상 쥐의 5분의 1밖에 안 된다"는 들쥐 떼가 들끓는 고향 소식에 "쪼그라붙어" 있는 자신의 고환부터 매만지면서 잇달아 어머니를 떠올리는 다음 시는 웃음을 자아낸다. 이것은 존재의 불안을 정신이 아닌 몸이 먼저 알고 반응하는 것을 설파한 것이다.

    유선을 달지 못해 선명하지 않은 90년대산 텔레비전에서 만난 150마리 들쥐들은 DDT에 오염되어서 새끼를 치지 못한다는데요 내레이터의 말을 따라서 잠시 잠깐 흔들리는 마을에 늘어선 붉은 막대 그래프를 보고 있었는데요 얼핏 막대그래프 뒤로 지나가는 사람이 낯이 익었는데요 약통을 지고 쫑쫑쫑 걸어가는 모습에 문득 어머니 생각이 나서 흔들리는 추억을 잡으려고 안테나를 돌리는데요 바다가 나타났다 사라지고 파도 너머 흐릿한 능선이 크게 일렁거리는 것을 피하며 말라비틀어진 콩깍지 같은 고환을 클로즈업하며 내레이터가 말했죠 가덕도 들쥐들의 고환은 정상 쥐의 5분의 1밖에 안 된다고 가덕도 가덕도 참 오랜만에 텔레비전에서 보았는데요 들쥐가 150마리도 넘게 살고 있었나 놀랍기도 하고 들쥐 한 마리 못 보고 산 삶이 부끄럽기도 하고 구곡간장 쌓여 있을 DDT가 무섭기도 하고 잠을 이룰 수 없었는데요 생각난 김에 만져본 내 고환도 쪼그라붙어서 장가야 이럭저럭 간다 해도 글쎄 자식이나 낳을 수 있을까요 어머니
                                            —〈가덕도 들쥐〉 전문

엄밀성의 논리는 없지만, 이 시는 관행적 접근에 주저하는 한 시인의 선택적 편협성을 그린 시가 아니다. 오히려

지나친 개입 없이 현실을 통해 자기 몸에 깃든 실체를 되찾고, 의식적인 장치 없이 태연하고 솔직한 신체적 사유로 고향을 재발견하고 있다. 시인이 재발견한 섬은 섬을 찾는 여행객이 제아무리 가이드북을 들고 뒤져도 도저히 찾을 수 없는 섬이다. 우울하면서도 웃음을 머금게 하는 풍경이 담긴 시다. 들쥐 떼가 출현하는 이 고향을 누가 좋은 고향과 나쁜 고향으로 구분할 수 있겠는가? 시인이 되짚는 가덕도의 진정성은 그런 잣대로는 잴 수 없다. 그 섬은 자연스러우면서도 수다스럽지 않고, 순박하면서도 그리움이 가득 묻어나는 섬이요, 객기나 아첨, 잔재주로 꾸미지 않는 사람의 섬이다. 우리가 의식적으로 계산하지 않는 가식 없는 몸의 섬, 건강한 심미안이 감도는 사람의 섬, 몸이 기억하는 고향 가덕도의 그 밑바닥까지 들춰내어 고백하는 섬을 어디서 만날 수 있겠는가.

시인이 시인답게 세상을 살아가는 것은 매우 소중한 일이다. 그것은 시인이 시인다운 생활이 없이 결코 시인일 수 없다는 말과 같다. 하루아침에 얻은 얄팍한 착상에서 시의 진실성이 이루어지지 않고, 또 재치 자체가 시적 의미를 공고히 할 수 없다. 거기엔 모든 사물을 철저히 보는 사람이 깃들어 있어야 하기 때문이다. 그런 점에서 송창우의 〈애매미의 노래〉는 시를 써야 할 운명의 시인이 쓰지 못한 시 때문에 겪는 애달픈 심경을 전혀 꾸밈없이 들려주는 진솔한 시다.

> 소나무 위에서 애매미 한 마리
> 아침부터 나를 못 견디게 한다
> 시 없지 쯧쯧쯧쯧쯧
> 써 놨어 놨어 쯧쯧쯧쯧
> 없쯧쯧 어-없-어 못-써 못-써
> 못써못써못써못써
> 히히히히
> 써히히히히히히
> 시 없지 시 없지 시 없지 시 없지
> 쯧쯧쯧
>
> ―〈애매미의 노래〉 전문

시인은 누군가로부터 청탁을 받았을지도 모를 시를 쓰고 있다. 그러나 써야 할 시를 쓰지 못해 난감하다. 이때 매미 소리가 들린다. 그 소리는 평소 듣는 소리와는 다르게 시인의 폐부를 찌르고, 곤경에 처한 시인을 "못 견디게 한다"시를 썼다고 해도 매미는 믿어주지 않는다. 매미의 부정은 시인이 썼다는 시가 제대로 쓴 시가 아니라는 얘기다. 이 시의 묘미는 갈수록 절박해지는 시인의 심경을 매미 소리에 맞춰 다양하게 변주시킨 데 있다.

그런데 이 시의 또 다른 묘미는 시인의 시심을 자극하는 매미 소리가 그 인식적 지평에서 변주되는 것 못지않게 바로 그 매미 또한 절박한 운명에 처한 존재임을 상기시킨 점이다. 긴긴 세월 동안 유충으로 땅에 묻혀 살던 매미가 세상에 살 수 있는 시간은 고작 10여 일이다. 이 짧은 기간 안에 매미는 짝짓기를 해야 한다. 그렇지 않으면 자기 종족은 사라진다. 매미 소리가 애달프고 구성진 이유는 여기에 있다. 그렇다면 매미 소리는 예견된 죽음을 앞둔 '처절한' 존재의 운명적인 소리다. 그리고 상황 속의 시인도 시를 쓰긴 쓴다. 안 쓰는 게 아니다. 그러나 문제는 이제 곧 사라질 존재 앞에 시인이 당당히 보여줄 만한 바로 '그' 시를 쓰지 못하고 있는 상황이다.

궁극적으로 볼 때, 〈애매미의 노래〉는 시를 써야 할 운명의 시인이 쓰지 못해 겪는 심적 갈등과 시인의 삶 전체를 던져서 쓰지 않는 시로는 죽어가는 존재를 결코 만족시킬 수 없다는 것을 노래한 것으로서, 이는 시인이 추구하는 엄숙한 세계관의 표현이라 생각된다.

시인의 이런 세계관은 곳곳에 나타난다.

> 나는 무거운 짐이 되어
> 바다를 본다
> 새떼 날갯짓에도 흔들거리는
> 절반은 잃고
> 절반은 떠나는 삶
>
> ─〈뱃머리에 서면〉 부분

> 이태 전 달수 돌아와 누운
> 쉰질바우 아래를 걸어간다
> 갯바위 눌러 붙은 말미잘들은
> 사시사철 꽃 지는 일 없어라
> 그날, 영원히 바다로 가리라던 달수
> 그물에 걸려 돌아온 날

새바지 모래밭에 풍어제를 치르고 돌아가던
　　안목마을 사람들
　　구멍 난 눈에 파고든 바다를 보았네
　　　　　　　　　　　　　　—〈사월〉 부분

　시인의 엄숙한 세계관은 바닷물을 가르는 배가 시인이 떠나온 곳과 가려는 곳의 중간 지점, 즉 두 곳을 아우르며 길을 트는 뱃전에서도 표출되고, 바닷일을 나갔다가 그물에 걸려 죽은 친구의 주검이 누웠던 "쉰질바우"와 숨진 친구의 눈에 "파고든 바다"에도 펼쳐져 있다. 심적 고요와 결핍된 몸이 지향하려는 영원으로.

　그런 한편, 송창우의 시는 바다와 더불어 사는 존재들이 '어떻게' 바다와 닮고, 바다 자체가 되어가는지를 회상하고 이미지화했다. 시인의 엄숙한 세계관은 여기서도 예외 없이 자리한다. 쌍둥이 시라 해도 좋을 〈백중〉과 〈바다 얼굴〉의 "늙은 거북이"는 시인의 눈에 비친 "구판장집" 영감과 "아버지"의 모습인 동시에 사람마다의 개성을 지워버린 바다의 얼굴이기도 하다.

　　백중사리
　　새까만 눈을 꿈벅거리며
　　새바지 마을 구판장에 마실을 오신 이는
　　늙은 거북이

　　주름 모가지 쭉쭉 빼고
　　막걸리를 마신다

말술이시다

영감님 술주정에
일생이 씨끄러운 구판장집 할매도
오늘은 주름살을 펴고
비손을 하고

바다로 가는 길을 쓸었다

—〈백중〉 전문

물길 따라갔다 돌아온 아버지는
막걸리 한 말을 다 비우고
비틀비틀 모래밭을 걷는다
그물에 걸려온 늙은 거북이처럼
주름살 깊다

사람들은
산에 살면 산을 닮고
바다에 살면 바다를 닮는 것일까

—〈바다 얼굴〉 부분

송창우의 시에 그려진 바다와 섬은 삶 가운데 경험한 것들이 시인의 감성적 원시성을 자극함에 따라 현실화된 결과이다. 때문에 우리가 만나는 그의 바다와 섬은 시인의 신체적 사유의 결과로 표현된 '현재의 바다와 섬'인 것이다. 시인의 심리적 상태와 직접적인 과거의 지각이 접촉하고 창조해낸, 이 바다와 섬은 시인의 현재가 그의 살아 있는 몸이 기억하는 의식 속에 있듯, 하나로 고정된 것이라고는

할 수 없다. 오로지 그의 몸은 그런 기억과 의식을 '느끼고' 있을 뿐이다. 따라서 위의 시들에서 과연 "구판장집" 영감과 "아버지"가 진짜로 "늙은 거북이"인지를 묻는 것은 곧 시인의 현재의 감각과 순수의 회상 사이에 놓인 특정 부분에 대해 말하라는 것과 같다. 뒤집어 보면, 고향 가덕도와 바다는 결국 한 시인의 기억을 물질화하고 감각을 관념화해서 이미지로 탈바꿈시킨 셈이다.

그런 점에서 송창우의 시는 특수한 것 속에서도 순수 감각을 회복할 수 있는 자의식을 몰각하지 않는다. 자주 자주 끊겨 단절되기 쉽고, 의미 없는 회상 탓에 자칫 그 출발지점으로 되돌아오기 쉬운 우리들의 순수 감각을 시인은 자기만의 고유한 시적 창조성으로 구체적인 현실에 붙들어 맨다. 시인 스스로 자신의 현재 바다와 섬, 그것이 엮어주는 과거의 지각과 동체적 질서를 이룬다 하더라도, 그 바다와 섬은 결코 시인의 몸 바깥의 형태일 수 없다. 여기엔 시인의 강한 자의식이 암암리에 작용하고 있다.

송창우의 시에는 객기나 아첨이 들어 있지 않다. 시인의 시선은 사물의 밑바닥까지 가 닿으려 하고, 웅숭깊은 시심은 시의 어조를 자연스럽게 만든다. 사물에 대한 철저한 관찰로 자기 몸에 누적된 기억을 들추는 시인의 태도는 부드럽지만 엄격하고, 엄밀성 없는 시적 논리를 과감히 밀어낸다. 가식 없는 자의식으로 고향 가덕도와 바다를 유감없이 펼치는 시인을 주관하는 것은 사람의 시간이 아닌 탈(脫)

자연의 자연이 생성시킨 시간이다. 이는 인위적인 시계로는 재어질 수 없는 시간인 동시에 놀랍게도 우리의 몸이 기억하는 순수 감성을 회복시켜 우리가 잊고 있는 감성적 원시성과 만나게끔 하는 시간의 문이다. 시인의 고향 가덕도와 바다는 결국 시인의 자기 세계관이 드러나는 유일한 현존의 '참된 장소'이며, 주어진 현실로부터 변증법적 상황으로서의 삶과 의미를 불러내어 이미지로 보여주는 곳이다. 우리가 의식의 심연과 시공간을 가로질러 각자 경험한 것들을 송창우의 시처럼 시간의 경계를 뛰어넘어 독창적인 시세계로 이합·집산하기란 쉽지 않다. 그런 점에서 송창우의 시는 우리 시사상 감성적 원시성이 찾은 바다시의 인문적 아카이브(archive)일지 모른다. 여러 개의 파일을 하나로 간단히 정리할 수 있도록 하는 것이 아카이브의 주된 특성이라면, 적어도 섬과 바다를 다채롭게 갈무리하는 송창우의 시도 여기에 어울릴 법하다. 시인은 무엇보다 자기 삶을 '돌아나간' 새로운 바다시의 한 전형을 이뤄냈다. 그래서 시인의 시는 믿음직스럽기 그지없다. 그의 시는 난데없는 추상적인 바다를 얘기하지 않는다. 우리 삶과 구체적인 관계를 지닌 바다를 그리는 동시에 거기에 함몰되지 않고 자기만의 시적 사유로 탄생시킨, 사람의 바다, 삶의 바다를 펼쳤다.

역사가의 의무가 자신들이 말하는 이야기들이 단지 이야기 차원이 아닌 진실, 즉 자기 실재에 대한 재현의 의무라고 한다면, 시인에겐 삶에 관한 진실의 시효(時效)가 하나의 텍스트로 재현되기 훨씬 이전부터 그것들이 우리 삶에 깃들고 스며 있다는 것을 밝힐 의무가 있다. 바다와 섬에 관한 시인의 의식과 몸에 깃든 갖가지 편린들 가운데서 각별한 관심을 둔 바닷게의 존재는 이번 시집에서 여러 형태로 변주된다. 그 가운데 절창이라 할 수 있는 〈꽃 피는 게〉를 적어보는 것으로서, 투박한 글을 접을까 한다.

> 우리 동네 논에는
> 개구리보다 게가 더 많이 산다
> 우리 동네 논두렁엔
> 들쥐보다 땅강아지보다
> 게가 더 구멍을 판다
> 햇빛에 타서 붉은
> 등에는 꽃이 피더라
> 농약을 쳐도 거품만 물 뿐
> 피는 꽃에는 암술이 흔들리고
> 빤히 보이는 구멍 속에는
> 보이지 않는 길들이 있어
> 문득, 게가 된다면
> 길 끝에 나도 꽃피고 싶어라
> 암술 흔들고 싶어
> 웅크리고 옆으로 걸어본다
> ─〈꽃 피는 게〉 전문

송창우 시인은 부산 가덕도에서 태어나 경남대학교 국문과와 같은 대학원 박사과정을 수료했으며, 1994년 ≪현대문학≫으로 등단했다. 러시아 하바로프스크 사범대학에서 한국학을 강의했고, 현재 경남대학교와 방송통신대학교에서 학생들을 가르치고 있으며, 〈합포만의 아침〉 작가로도 활동 중이다.
 E-mail : urasong@hanmail.net

신생시선 · 27
꽃 피는 게

지은이 · 송창우
펴낸이 · 원양희
펴낸곳 · 도서출판 **신생**

등록 · 제325-2003-00011호
주소 · 600-013 부산광역시 중구 중앙동 3가 12-1
　　　w441@chollian.net www.sinsaeng.co.kr
전화 · 051) 466-2006, 441-4445
팩스 · 051) 441-4445

제1판 제1쇄 · 2010년 10월 15일
제1판 제2쇄 · 2012년 05월 30일

공급처 · 도서출판 전망

값 7,000원
ISBN 978-89-90944-28-3

* 저자와 협의에 의해 인지를 생략합니다.
* 잘못된 책은 구입하신 서점에서 바꿔드립니다.